PRÉCIS DES OPÉRATIONS

DU

SIÉGE DE SAINT-OMER

EN 1638

RÉDIGÉ

D'APRÈS LES ARCHIVES DE CETTE VILLE ET DES DOCUMENTS INÉDITS,
RECUEILLIS DANS LES COMMUNES DES ENVIRONS

PAR J. BAZY

DEUXIÈME ÉDITION

SAINT-OMER
LIBRAIRIE TUMEREL-BERTRAM
RUE DU COMMANDANT, 23-25

1873

PRÉCIS DES OPÉRATIONS

DU

SIÉGE DE SAINT-OMER

EN 1638 (1)

Depuis la reprise des hostilités, en 1635, l'Espagne a soutenu la lutte sans trop de désavantage, mais chaque campagne l'a affaiblie, et sa rivale s'est fortifiée. A l'ouverture de la campagne de 1638, les Pays-Bas sont presque dégarnis de troupes, lorsque six armées françaises se mettent en mouvement pour entamer ces provinces, pendant que Frédéric-Henri, sur l'Escaut, prend l'offensive contre le Cardinal-Infant, et que Bernard, duc de Saxe-Weimar, tient tête, sur le Rhin, aux généraux de l'empereur Ferdinand III.

(1) Ce Précis résume ma relation détaillée du siége de Saint-Omer, composée sur les documents inédits des archives de cette ville, que M. le maire de Folard a bien voulu me communiquer. Ces documents sont la « Correspondance relative à ce siége et le Registre aux délibérations du conseil municipal », du mois de mai au commencement d'août 1638. — *Archives de Saint-Omer* (Pas-de-Calais.)

En 1638, les principaux efforts du cardinal de Richelieu sont dirigés du côté des Pays-Bas. L'armée du Luxembourg, sous les ordres du cardinal de la Valette, celle du maréchal de La Force sur les frontières de la Picardie, le corps du maréchal de Brézé, opposé aux Impériaux de Piccolomini, sont prêts à seconder, dans leur marche convergente vers le cœur de la Belgique, le maréchal de Châtillon, qui envahit l'Artois pour enlever Saint-Omer, boulevard de cette province. Frédéric-Henri, prince d'Orange, avec une armée de force égale à celle de Châtillon, attend, pour agir, le résultat d'une attaque conduite contre Anvers par Guillaume de Nassau. En même temps, le duc de Longueville, commandant des troupes françaises sur les frontières de la Franche-Comté, a pour mission de se porter, selon les éventualités, sur le Rhin, dans les Pays-Bas ou en Italie, pour y appuyer au besoin le maréchal de Créqui. — Une autre armée française s'organise dans le Midi pour franchir les Pyrénées sous les ordres du prince de Condé.

La lenteur du maréchal de Châtillon et l'échec que les Hollandais reçoivent sur l'Escaut déconcertent le plan de campagne du cardinal de Richelieu et de Sublet-Desnoyers, secrétaire d'État de la guerre, qui veut conquérir, en un été, des provinces entières.

A la mi-mai 1638, le maréchal de Châtillon part d'Amiens, parcourt l'Artois sans qu'un régiment espagnol inquiète sa marche. Les populations des villes ouvertes fuient à son approche, ou cherchent à arrêter les Français en se défendant dans quelque fort ruiné et derrière des retranchements faits à la hâte. L'alarme est partout. L'autorité espagnole parvient cependant à intéresser à la résistance le sentiment religieux de la province hostile au gouvernement français, parce qu'il protége les protestants allemands.

La terreur précède l'armée de Châtillon dans le pays qu'elle traverse, de Doulens à Saint-Pol, de cette ville jusqu'à la place forte d'Aire, qui se croit un moment menacée, jusqu'à Thérouanne, la ville ruinée par Charles-Quint, et au village d'Heuringhem, à sept kilomètres de Saint-Omer.

L'arrivée des Français signalée sur les hauteurs d'Helfaut (25 mai) confirme enfin les avis donnés aux Audomarois, depuis un mois, d'un dessein formé sur leur ville. Des tours de Saint-Bertin et de la cathédrale, on voit la cavalerie de Châtillon se répandre du mont d'Helfaut sur les Bruyères, à trois kilomètres de la place, et l'infanterie établir ses quartiers à Blandecques, à Soïèques et à Arques. Le château de ce village se rend, après avoir essuyé quelques volées de canon (26 mai).

Au moment où l'armée française pénètre dans l'Artois, les généraux espagnols ont à peine à lui opposer quatre mille soldats, dispersés entre Arras et la mer. Le comte d'Isembourg, gouverneur général de l'Artois, est à Arleux, près de Béthune, avec moins de dix-huit cents hommes; le comte de Fontaine, général de l'artillerie des Pays-Bas, envoie à Watten, à dix kilomètres de Saint-Omer, un régiment anglais à la solde de l'Espagne, et ne tarde pas à quitter Furnes pour le suivre. Le prince Thomas de Savoie, général en chef des Espagnols dans les Pays-Bas, à la première nouvelle de l'investissement de Saint-Omer, reçoit du Cardinal-Infant, capitaine général de ces provinces, l'ordre de se rendre sur le champ d'Anvers à Bergues-Saint-Winock, à trente-cinq kilomètres de la ville assiégée, pour y réunir les troupes disponibles, et se porter avec elles au secours de Saint-Omer.

Cette ville, dépourvue de poudre, d'armes et de canons, et dont les travaux extérieurs de défense ne sont pas achevés, n'est protégée que par ses compagnies bourgeoises et mille soldats de tous les pays, garnison hétérogène comme l'est l'armée espagnole dans ce temps. Les bourgeois et les moines s'arment du mieux qu'ils peuvent et continuent à travailler, dans la région du sud-ouest de la ville, aux fortifications des dehors, commencées dès le 14 avril 1638, entre la porte du Brûle et la porte Saint-Sauveur. Les trois États de Saint-Omer s'assemblent, prennent toutes les mesures commandées par les circonstances, et dépêchent courriers sur courriers à la cour de Bruxelles, à Arleux, à Bergues-Saint-Winock et dans les châtellenies voisines, pour demander des secours.

Seize mille Français, treize mille fantassins, trois mille cavaliers, ont pris leurs quartiers devant Saint-Omer. Des détachements, envoyés du *quartier du Roi* à Arques, s'emparent du *Neuf-Fossé* près du *Vieux-Château,* après avoir mis en déroute les paysans flamands, mal armés, qui le gardent. Un corps de l'armée de Châtillon vient reconnaître les dehors de la place, coupe la *Meuledicque* qui coule vers Saint-Omer, et détourne les eaux à droite dans la basse rivière, et y ayant placé du canon pour déloger les travailleurs de la ville, s'avance dans les prairies de la Madeleine, à portée de mousquet des murailles, entre la porte du Brûle et la porte de Lisèle. Le même jour (27 mai), le maréchal de Châtillon visite le canton qui avoisine les marais, et arrête, avec les ingénieurs Pagan et Le Râle, les travaux de la circonvallation.

Dans les trois quarts à peu près de son périmètre, la place est couverte par des marais vastes et profonds, à l'est, au nord et en partie au nord-ouest. Le côté méridional et le canton occidental qui y confine sont en prise, et une double ceinture de hauteurs environne la ville; le plateau des Bruyères, où campa l'armée du prince de Condé quelques années avant la Révolution, la domine à trois kilomètres et demi du mont d'Helfaut; la campagne, proche de Saint-Omer, entre *Longuenesse,* les *Chartreux* et *Tatinghem,* commande la ville à quelques centaines de mètres des murailles. Aujourd'hui même, malgré les travaux considérables de défense qui ont été exécutés au sud de Saint-Omer pour éloigner une armée ennemie de ce côté vulnérable, la ville ne tiendrait pas quatre jours contre l'artillerie des positions qui la dominent au-dessus du *Mont de la Valeur* et de la pièce à feu de revers qui est en avant du fort actuel des Cravates, en face des *Chartreux*.

Un coup de main, résolûment tenté, en faisant jouer le pétard et l'escalade, eût peut-être, dans les premiers jours, livré la ville aux assiégeants, comme l'espérait le ministre Sublet-Desnoyers. Le gouverneur-général n'avait pas alors dans le pays une force suffisante pour assurer les communications de Saint-Omer avec les villes voisines. Quoique soutenus par l'espoir que le gouverneur de l'Artois, le prince Thomas et le Cardinal-Infant leur donnaient, d'un prompt secours, les bourgeois n'étaient pas en mesure de résister longtemps dans une ville à peine délivrée d'une contagion qui l'avait décimée et où se réfugiaient les populations rurales. Le jour où le maréchal de Châtillon, venant le long de la *Meuldicque* et par la *Madeleine,* approcha des dehors qui n'étaient protégés que par des travaux inachevés, une attaque brusque et vigoureuse aurait fait prévaloir, parmi les assiégés, la crainte de s'exposer au danger que court une place emportée d'assaut, sur l'aversion que les habitants de l'Artois avaient pour la domination française. Ce sentiment, qu'attestent les archives de Saint-Omer, fortifiait dans cette province l'autorité du gouvernement espagnol, et le Cardinal-Infant et ses lieutenants entretenaient cette hostilité contre la France, en persuadant au clergé, à la noblesse et à la bourgeoisie de l'Artois, que Louis XIII et Richelieu, alliés des protestants de l'Europe, ne respecteraient pas, une fois maîtres du pays, la croyance religieuse des Pays-Bas espagnols.

Le maréchal de Châtillon a laissé échapper l'occasion que la fortune lui offrait pendant les douze premiers jours de l'investissement ; il s'est mis en tête d'attaquer la place à la hollandaise et sans se presser, et en prenant son temps pour se mettre en sûreté.

Tandis qu'il procède lentement et régulièrement à l'attaque, le général que l'Espagne lui oppose, le prince Thomas de Savoie, commandant en chef des troupes espagnoles dans les Pays-Bas, vient camper à Bourbourg, entre Saint-Omer et Dunkerque, avec près de sept mille hommes ; le comte Piccolomini, général des Impériaux, trompe la vigilance du maréchal de Brézé, et marche sur l'Escaut pour aider le Cardinal-Infant à dégager les forts qui défendent Anvers.

Si circonspect que soit Châtillon dans ses premières opérations, il néglige de rendre libre la route que suivent les convois pour arriver dans ses quartiers des environs de Saint-Omer, il laisse ouverts aux secours des passages qui permettront au prince Thomas de ravitailler la place assiégée. La Ferté-Imbault, que le maréchal a envoyé du quartier du Roi à *Arques,* pour s'emparer des forts qui sont entre Saint-Omer et Ardres, n'a pas le temps d'occuper *Ruminghem* et *Hennuin,* sous la protection desquels les Français auraient pu facilement transporter par eau leurs approvisionnements. Châtillon expose ses lignes, en refusant de se saisir, dès son arrivée, du faubourg du *Haut-Pont,* dont les assiégés fortifient l'extrémité à deux kilomètres de la place, sur la route de Flandre; il ne ferme pas à l'ennemi le canal qui traverse ce faubourg et les rivières de *Baulinghem* et de la *Grande-Merre,* et laisse ouvert aux Espagnols le village de *Niewerleet,* par où le prince Thomas ravitaille trois fois Saint-Omer.

Les assiégeants ont rapidement enlevé les autres postes importants des environs de la place : dans l'Artois, *Houlle, Moulle,* sur la route de Calais, le fort *Duchesnes,* le château d'*Écou* à Tilques, le château d'*Éperlecques, Blendecques* (26-30 mai); du côté de la Flandre, le fort de *Socram,* sur le *Neuf-Fossé* (27 mai), l'abbaye de *Clairmarais* (le quartier de Langeron). (28 mai), *Watten,* la clef de Saint-Omer (28 mai), *Saint-Momelin* ou le *Bac,* entre Watten et la ville (30 mai). Un détachement français s'est établi à *Cassel* après le passage du *Neuf-Fossé*.

Quinze jours, de la fin de mai à la mi-juin, sont employés à relier ces postes, à occuper des positions intermédiaires et à construire plusieurs forts (1).

Dans l'Artois, les quartiers français s'étendent d'*Arques*, quartier du Roi, et de *Blandecques*, au sud de Saint-Omer, au village de *Tilques*, et, plus au nord-ouest, ils embrassent le château d'*Écou*, le fort *Duchesnes*, dans le voisinage, *Salperwick*, quartier du lieutenant général du Hallier, le fort *royal* de *Blandecques* (1er juin), autour duquel est logée une partie de la cavalerie sous les ordres de Gassion, sur les hauteurs, au nord du village, un second fort à l'ouest du premier, près du bois de *Richebé*, commandant le fort de la *Malassise*, à portée de mousquet, et se combinant avec trois autres forts sur la *Bruyère*, l'un à gauche et au sud de la *Malassise*, et le dernier au *Gibet-de-Pierre* de la *Bruyère*, d'où Châtillon canonne les ravelins et les demi-lunes de *Sainte-Croix*, auxquels les bourgeois et les soldats travaillent. Ces quartiers se prolongent, au sud et à l'ouest, jusqu'à *Longuenesse* — quartier de *l'artillerie*, où il y a deux forts, l'un dominant le village, un autre plus bas, vers la ville, et communiquant avec les *Chartreux*, — quartier des *vivres*, et avec *Tatinghem*, sur la route de Boulogne, — autre quartier de la cavalerie, et plus tard avec *Saint-Martin-au-Laërt*, où La Ferté-Imbault prend ses

---

(1) La province d'Artois était alors couverte de forts. J'en donne une courte notice dans ma *Topographie audomaroise* et dans celle des Bailliages des environs de Saint-Omer en 1638.

logements. Tous ces quartiers forment, à l'ouest et au midi de la ville, une circonvallation presque continue entre *Blandecques* et *Tilques* et interrompue de *Tilques* à *Moulle* (1).

Dans la Flandre et dans la partie limitrophe de l'Artois, à l'est et au nord de Saint-Omer, les lignes françaises, à partir d'*Arques* jusqu'au canton de *Moerkienne*, et passant par *Clairmarais* et le fort de *Skenk*, n'emportent pas moins de terrain que celles de l'Artois. Pour garder et défendre une circonvallation de cette étendue, le maréchal de Châtillon ne dispose que de seize mille hommes.

Ce général ne donne pas d'abord une grande attention aux marais profonds que la circonvallation traverse, et qui sont seulement accessibles vers la route de Calais, persuadé qu'il est qu'aucune armée n'est capable de s'y engager pour porter du secours à la ville assiégée. Le passage d'un premier secours, par les marais, au village de *Niewerleet* (8 juin), commence à ébranler la conviction du maréchal, et il reconnaît bientôt ce que l'assiégeant doit craindre des ennemis dans ce canton.

Il faut alors pourvoir à l'occupation de la région orientale ouverte aux Espagnols en plusieurs endroits, unir entre eux les quartiers de *Clairmarais*, de *Saint-Momelin* ou du *Bac*, et de *Salperwick*, par des travaux que la nature des lieux rend très-difficiles. Entre *Saint-*

---

(1) Guidé par les traditions et les archives du pays, j'ai examiné et reconnu avec le plus grand soin toutes les positions indiquées dans cette relation.

Momelin et *Clairmarais,* dont l'abbaye est retranchée (14 juin) au confluent des rivières de *Mourlacq* et de *Niewerleet,* presqu'à mi-distance de *Clairmarais* et de *Niewerleet,* dans l'île qui forme une pointe où aboutissent les canaux qui ont conduit les Espagnols jusqu'à Saint-Omer, on construit à la hâte le fort de *Skenk*, le fort royal de cette région, appelé *Skenk* à cause de sa position avancée dans les marais (12 juin). Une ligne de défense va de ce poste jusques à *Clairmarais*. Partout où l'on trouve de la terre, qu'on lie avec des fascines, on fait des redoutes de distance en distance. Dans la partie des marais où ces travaux sont impossibles et où la circonvallation est interrompue, on ferme le passage des canaux avec des pieux, on l'embarrasse avec des chandeliers et des cavaliers flottants, sur lesquels des canons sont placés pour faciliter les convois. Ces lignes se dirigent à l'est de la ville et communiquent, par des redoutes intermédiaires, au quartier du maréchal de Châtillon, qui est à Arques, à la tête des marais. Plus au nord, au moyen d'une digue de fascines, dont j'ai très-exactement reconnu la position, remontant par les marais de *Moerkienne*, et faite au travers des *Broocks*, pâtures communes, qui sont noyées, ces mêmes lignes partent de *Saint-Momelin* et relient les trois forts de ce village sur le canal avec le quartier du lieutenant-général à Salperwick (1).

(1) Pour bien se rendre compte des opérations des Français et des Espagnols, il serait utile de consulter mon *Plan des environs de Saint-Omer, en 1638,* et de la circonvallation, travail qui donne une idée de l'architecture militaire sous Louis XIII. Ce Plan est à l'échelle de 1/5000 mètre.

Ces travaux ne sont pas achevés, qu'un second secours est jeté (15 juin) dans Saint-Omer, en suivant le passage de *Niewerleet,* que Châtillon a laissé, à gauche, ouvert aux Espagnols.

Dans le temps que les Français emploient à poursuivre leurs travaux de circonvallation, le prince Thomas se rapproche des lignes, chasse de Cassel le détachement que Châtillon y a envoyé, reprend Watten, surprend et fait prisonniers, près de la ferme de *Havreskerke,* à droite de Saint-Momelin, les régiments de Fouquesolles et d'Espagny; il inquiète ou enlève les convois expédiés d'Ardres aux quartiers français, sous la protection de la petite armée d'observation du maréchal de La Force, campée au village de *Zoafques,* sur la route de Calais.

Le prince lève son camp de Bourbourg, établit ses troupes dans une position avantageuse sur la colline de Ruminghem, et occupe lui-même le château d'Egmont, entre Saint-Omer et l'armée du maréchal de La Force, qui a quitté malgré lui le Cambrésis pour prendre ses quartiers à Zoafques, afin de couvrir le siége de Saint-Omer (18 juin). Le prince Thomas prévient l'attaque projetée par La Force contre le château de Ruminghem et le fort d'Hennuin, dont l'occupation par les Français importe à la sûreté des convois destinés au maréchal de Châtillon; il conserve ces postes et s'empare du fort de *Neuf-Moulin* ou de *Saint-Jean,* situé aussi sur la route des convois. Lorsque le maréchal de La Force se présente pour le reprendre (23 juin), il trouve ce fort protégé par l'armée espagnole qui rafraîchit le *Neuf-Moulin* pendant trois assauts meurtriers que les Français livrent à ce poste. Après une attaque infructueuse, l'armée du maréchal de La Force rentre dans ses quartiers, qui ont depuis peu été transférés à Éperlecques, où le général espagnol la tient en échec et l'empêche, dans ses dernières opérations, de concourir directement au siége de Saint-Omer. Obéissant à regret au ministre qui l'a appelé à seconder Châtillon, le maréchal de La Force ne se croit pas obligé, par ses instructions, à venir défendre la circonvallation lorsqu'elle est menacée, et, répugnant à n'avoir qu'un rôle secondaire dans une campagne mal conduite dont il décline la responsabilité, ce général refuse, sur la demande de Châtillon, d'occuper et de mettre en défense les forts de *Saint-Momelin* ou du *Bac*. Plus tard (23 juin), La Force, qui était retenu dans son camp d'Éperlecques pour protéger les convois, n'est plus libre d'agir avec l'abnégation que lui commandait d'abord l'état du siége, et de venir garder la circonvallation des marais au moment où elle est attaquée. Son action se borne désormais à un rôle d'observation et à assurer la subsistance de l'armée assiégeante, sérieusement compromise, depuis que l'armée de secours du prince Thomas est solidement établie dans des positions où elle intercepte souvent les convois.

Malgré les embarras de l'Échevinage et du conseil de guerre qui sont dans la nécessité, pour subvenir à l'entretien des so ts et aux dépenses diverses, de recourir successivement « aux prêts en argent et en denrées, » de se servir, pour les besoins de la défense, de la vaisselle et des objets précieux cachés dans les couvents, et d'ordonner, « avec l'octroi du Cardinal-Infant, » la fabrication d'une monnaie obsidionale, la confiance des trois États de la ville se ranime, à la nouvelle des succès du Cardinal-Infant sur les Hollandais à Caloo, et de la marche de Piccolomini sur Saint-Omer, et les bourgeois et les moines reprennent les travaux suspendus dans les dehors de la place. Le clergé les anime à la résistance, en leur promettant la protection de saint Bertin et de saint Omer; il descend les châsses de ces patrons de la ville, et, à la demande de l'évêque, les magistrats font le vœu, si le siège est levé, d'assister en corps, chaque année, à une procession solennelle qui sera établie à perpétuité.

L'activité des communications redouble entre l'armée du prince Thomas et la ville; les messagers, trompant la surveillance des postes mal gardés dans les marais, vont au camp de Ruminghem et en reviennent pour concerter contre les lignes françaises les efforts combinés des assiégés et de l'armée de secours. Le bruit du canon, la mousqueterie, le son des cloches et les chants d'actions de grâces portent, de la ville jusqu'aux quartiers de Châtillon, la nouvelle de l'approche de l'armée impériale.

Au cri : Piccolomini arrive ! les troupes de la garnison renouvellent incessamment les sorties pour arrêter les cheminements poussés enfin avec plus de vigueur par les assiégeants. Le maréchal de Châtillon, piqué au vif des reproches que le Roi, le Cardinal et Sublet-Desnoyers lui adressent, est excité par l'ordre formel « d'emporter Saint-Omer, » *fût-il une Ostende !*

Les travaux d'approche reçoivent une vive impulsion du côté des *Chartreux* et au *Moulin-Brûlé* où est établie une batterie, au sud-ouest de la ville, sur le petit rideau en avant de l'ouvrage moderne qui couvre le fort des *Cravates*. Les assiégeants pressent les cheminements à partir de *Longuenesse*, du bas des *Bruyères* par la *Sablonnière*, d'où ils ont commencé à battre la ville avec du canon et un mortier, jusqu'au mont *Saint-Michel*, et, de cette position, ils rejettent dans la place (28 juin) les détachements de cavalerie espagnole et wallonne qui sont logés sur ce mont.

Deux lignes tirées, l'une de *Longuenesse* pour passer à l'est des *Chartreux*, l'autre du pied des *Bruyères*, convergent pour se couper un peu en-deçà du village de *Sainte-Croix,* et divergent au point d'intersection pour embrasser *Saint-Omer* de la porte du *Brûle* à la porte *Saint-Sauveur,* et se réunissent par une tranchée parallèle au glacis qui est entre le *Moulin-Brûlé,* à huit cents mètres des murailles, et le mont *Saint-Michel,* tête de la tranchée, à quatre cents mètres de la contre-escarpe. Les approches et les boyaux sont conduits du *Moulin-Brûlé* vers les demi-lunes de *Sainte-Croix* et le mont *Saint-Michel;* quatre pièces de canon sont dressées sur le point élevé où se trouve le *Moulin-Brûlé ;* huit pièces, bientôt après douze sont disposées sur le mont *Saint-Michel* (28 juin), et deux mortiers au pied du monticule. Dans la nuit du 29 au 30 juin, les Français, ayant achevé leurs lignes et leurs tranchées, commencent un feu violent contre la place. Les bombes jetées dans Saint-Omer endommagent les édifices et l'église de Sainte-Aldegonde, mais tuent peu de monde. « Gare la bête ! » crient les habitants du quartier sud-ouest de la ville. Ceux que les bombes effraient se retirent vers le quartier de la porte du *Haut-Pont*. Ce feu ne ralentit ni n'abrége la défense.

Au nord-est, les fronts de la place sont défendus par les eaux qui affluent sur la route d'Arques et les prairies de la Madeleine, et par les inondations qui couvrent le pays sur une étendue de plus de deux lieues et demie, de Ruminghem aux *Quatre-Moulins,* à l'entrée du faubourg du Haut-Pont. Une digue, qui part du pied de la colline de Ruminghem, se prolonge jusqu'au pont de Watten ; le prince Thomas l'a élevée (1er juillet) pour faire écouler les eaux qui aboutissent dans cet endroit, et noyer le chemin en fascinage que le maréchal de Châtillon a formé dans la *Marasse* pour lier le quartier de Saint-Momelin et celui de *Salperwick*.

C'est en côtoyant la rive flamande du canal, par le pays couvert et élevé qui est entre Watten et le *mont du Coq (Heene Berg)* et Lederzeele, en avant de Niewerleet et du marais, entre *Baulinghem* et Saint-Omer, que le prince Thomas, après avoir tourné à droite les forts de Saint-Momelin ou du Bac, a trois fois jeté du secours dans la place. C'est par la même route que le général en chef des Pays-Bas médite, après a jonction avec Piccolomini, général des Impériaux, de faire une attaque décisive dans la circonvallation des marais, dont les endroits faibles ont été reconnus par les espions et les messagers de la ville dans leurs allées et venues continuelles de Saint-Omer au camp des Espagnols à Ruminghem.

Le 6 juillet, le comte Piccolomini, à la tête de l'armée qui, avec celle du Cardinal-Infant, a repoussé les Hollandais sur l'Escaut, passe à *Arnèke*, et se rend le même jour au camp de Ruminghem. Le général des Impériaux et le prince Thomas se rendent à Watten pour examiner les lignes françaises du marais, et convoquent le conseil de guerre pour avoir son opinion sur les quartiers les plus faciles à attaquer. Dans ce conseil sont admis le comte de Suitz, le baron de Soie de l'armée de Piccolomini, Jean de Nassau, commandant de la cavalerie, Pardo, commissaire général de l'armée du prince Thomas, les colonels allemands, espagnols, croates, lombards, napolitains, anglais, irlandais et wallons des deux armées, le père Ange, carme déchaussé, l'âme de la défense à Saint-Omer d'après le *Narré du siége* et le *manuscrit d'Haffrengues*, le seigneur d'Escoult et le capitaine Hault, députés par la ville au camp de Ruminghem.

Le conseil adopte le plan d'attaque que suggèrent le père Ange et le seigneur d'Escoult, qui connaissent tous les méandres des marais que les lignes françaises traversent.

Je ne crois pas inutile de rappeler que, dans cette région, la circonvallation s'étend de Clairmarais à Salperwick, en s'appuyant sur les trois forts de Saint-Momelin, construits sur le canal. Ce dernier quartier, qui est le nœud de la défense dans les lignes, se relie aux six redoutes de Niewerleet et au fort royal de *Skenk*, ainsi appelé à cause de sa position avancée dans le marais, entre le village de Niewerleet et Saint-Momelin. De l'autre côté du canal, en Artois, au nord-ouest de la ville, les forts de Saint-Momelin se combinent avec le quartier du lieutenant général du Hallier à Salperwick, par un chemin de fascines, n'ayant à son extrémité qu'une petite redoute et un corps de garde pour toute défense, et que couvrent en partie les eaux de Watten refoulées dans les pâtures communes (1).

Selon le plan arrêté par les généraux des deux branches de la maison d'Autriche, une triple attaque, dirigée, la première, de la ville, par les assiégés, avec le secours des Irlandais d'*O'Neill* qui viendront, par le canton de *Moerkienne,* surprendre et détruire le chemin en fascinages de la *Marasse* (2), entre Salperwick et Saint-Momelin ; la seconde attaque sera conduite par le comte Piccolomini contre les forts de Saint-Momelin, pendant que le prince Thomas emportera le fort de *Skenk* et les redoutes de Niewerleet. Le succès de ces opérations aura pour résultat de séparer toute cette circonvallation des deux quartiers qui la soutiennent aux côtés opposés, à Clairmarais et à Salperwick, et les lignes françaises étant forcées en Flandre, les deux armées de secours auront un libre accès vers Saint-Omer.

Pendant que les généraux de l'Espagne et de l'Autriche préparent l'attaque à Ruminghem, les assiégeants (7 juillet) minent les demi-lunes de la porte Sainte-Croix, et les défenseurs de la ville travaillent, de leur côté, à empêcher l'effet des mines.

Dès l'arrivée de Piccolomini au camp espagnol, le maréchal de Châtillon, sur les représentations de ses principaux officiers, a conçu des craintes pour les quartiers

---

(1) *Topographie audomaroise en 1638.*

(2) *Moerkienne, Marasse,* régions décrites dans ma *Topographie audomaroise* et indiquées sur mon plan.

du marais. L'évêque d'Auxerre, Pierre de Broc, « le chasse-avant du maréchal, » comme l'appelle Richelieu, que Châtillon a chargé de visiter ces quartiers, a trouvé la digue de communication de Saint-Momelin à Salperwick dégarnie de troupes, et s'est aperçu que les ennemis allaient facilement en ville par ce passage. Du Hallier, lieutenant-général, refuse d'y envoyer du monde. Manicamp, commandant du quartier de Saint-Momelin, n'exécute pas l'ordre, imprudemment révoqué, que lui a donné Châtillon de loger cinq cents hommes sur cette digue. La nuit de l'attaque de la digue par les assiégés et les Irlandais du régiment d'O'Neill, elle n'est défendue que par soixante hommes, sous les ordres d'un enseigne de Bellefonds, qui gardent une petite redoute élevée au bout du fascinage.

L'attaque des lignes, fixée d'abord au 7, est remise au 8 juillet. Au signal donné par des feux allumés sur la tour de l'abbaye de Watten, une flottille de barques et de petits bateaux part du faubourg du Haut-Pont et pénètre dans les passes de la *Marasse*. Les assiégés qu'elle porte sont accompagnés d'une batterie flottante de quatre pièces de canon. Le père Ange et le capitaine Le Hault, chefs de l'expédition, enlèvent la digue en fascinage et la coupent ; en même temps, les Irlandais s'établissent au fort de *Quenelle,* dans le canton limitrophe de Moerkienne. Les régiments du prince Thomas, ayant de l'eau jusqu'à la ceinture, s'emparent des redoutes de Niewerleet et du fort de *Skenk*, et s'y maintiennent malgré un renfort suffisant que Châtillon envoie d'Arques aux postes qui gardent ces positions. Piccolomini bombarde le fort de Saint-Momelin, près de l'église, et s'en rend maître, ainsi que d'un petit fort sur le canal ; le troisième jour, le général impérial, aidé par le prince Thomas, entre dans le Fort-Royal sur la butte qui commande les marais de Niewerleet (8, 9, 10 juillet).

Tandis que les Espagnols et les Impériaux attaquent la circonvallation dans la région flamande, la garnison de Saint-Omer harasse les troupes de Châtillon par des sorties répétées. Jean, comte de Nassau, général de la cavalerie de Thomas, laissé à Ruminghem pour s'opposer au maréchal de La Force et l'empêcher de secourir les quartiers menacés, lance quelques compagnies de Croates dans les logements de ce maréchal, et les soutient avec près de quatre mille chevaux qui, après une rude rencontre, sont culbutés et en partie jetés dans le canal de *Polincove* (9 juillet). Cette diversion coûta cher aux Espagnols et aux Allemands, mais elle répondit à l'attente des généraux de l'Espagne. La Force ne put employer à temps ses troupes à la défense des lignes du marais.

Pendant qu'on entend la canonnade de Polincove au Quartier-du-Roi à Arques, Gassion y rentre après avoir été dépêché au camp de La Force, pour obtenir que la petite armée du vieux maréchal qui est à Éperlecques vienne camper dans les lignes qui ne sont pas suffisamment garnies de troupes. La circonvallation est coupée lorsque La Force arrive à Salperwick. Les deux maréchaux confèrent immédiatement sur ce que les circonstances réclament, mais ils ne peuvent s'accorder ; Châtillon veut qu'on donne dans les marais avec toute l'infanterie des deux armées pour en chasser le prince Thomas et Piccolomini. L'entreprise est pleine de périls, glorieuse, et les officiers sont d'abord prêts à suivre Châtillon ; mais il s'agit du salut de l'armée, et le plus grand nombre incline enfin à l'opinion de La Force, qui juge que le lieu où sont les ennemis est inaccessible, et qu'il n'y a plus qu'à se retirer.

L'occupation de la ligne de *Moerkienne* (marais à gauche du canal), des forts de Saint-Momelin et des redoutes de Niewerleet, par les Espagnols, décide Châtillon à envoyer au roi le comte Pagan pour se faire autoriser à lever le siége.

Louis XIII, qui était bien loin de prévoir une pareille issue, accueille d'abord très-mal la demande du maréchal, et finit cependant par céder, vu l'état où se trouvent alors les affaires.

Le 13 juillet, l'artillerie est retirée de la tranchée, et on la dirige, avec le matériel et les bagages, vers *Ardres* et *Mont-Hulin*. Le 16 du même mois, Châtillon et La Force lèvent le siége avec ordre.

Le roi s'est avancé jusqu'à Amiens avec le cardinal de Richelieu, et il a donné l'ordre aux armées du maréchal de Brézé et de Saint-Preuil de marcher vers l'Artois pour soutenir, au besoin, les deux maréchaux.

La manière dont fut conduit ce siége eut une influence décisive sur la campagne de 1638. Les résultats, pour l'Espagne, de la levée de ce siége ne sont pas même entrevus par les historiens. Louis XIII et son premier ministre, irrités, exilèrent à la fin de cette année, dans ses terres, le trop méthodique Châtillon.

Ce maréchal et La Force s'éloignent de Saint-Omer,

côtoyés par les armées espagnole et impériale pendant six semaines. Le but de Piccolomini et du prince Thomas qui campent à *Wizernes*, près de Saint-Omer, à *Thérouanne,* à *Lillers,* à *Beuvry,* près de *Béthune,* et à *Cambrai,* est d'obliger les Français à repasser en Picardie.

Le cardinal de Richelieu tenait à honneur de réparer « le malheur » de Saint-Omer par une action d'éclat ; la saison avancée ne permettant pas de prendre une revanche sur Hesdin ou Arras, il espérait encore qu'on pourrait rencontrer et battre l'ennemi. Les généraux de l'Espagne et de l'Empire évitèrent tout engagement général qui leur eût fait perdre le fruit de la campagne.

Les maréchaux de Châtillon et de La Force, n'ayant pu les attirer au combat, se contentent d'assiéger, dans la nuit du 2 au 3 août, la petite ville de Renty, qu'ils prennent le 9 du même mois. Le lieutenant-général du Hallier, qui prend le commandement de l'armée du maréchal de Brézé, investit le Catelet, dans la nuit du 21 au 22 août, et l'emporte le 14 septembre.

Saint-Omer, typ. J. Lance, rue des Tribunaux

www.ingramcontent.com/pod-product-compliance
Lightning Source LLC
Chambersburg PA
CBHW060931050426
42453CB00010B/1957